Dieses Buch gehört

. . . .

Für Gardis,

die abenteuerlustigste

Mutter der Welt

Das
Leben
ist ein
Abenteuer

Inhaltsverzeichnis

Hallo du

Ja, du. Du hältst jetzt dein Buch "Das Leben ist ein Abenteuer" in deiner Hand.

In diesem Buch geht es darum, deine Umwelt bewusst wahrzunehmen. Es geht um die kleinen Dinge, die dein Leben so lebenswert machen. Dieses Buch zeigt dir, wie du die Jahreszeiten bewusst erleben und genießen kannst. Es begleitet dich jeden Tag durch alle Jahreszeiten, bei jedem Wetter, bei jedem Abenteuer-Ausflug und bei jeder Stimmung. Es wird die Wanderlust in dir wecken. Es wird dir helfen, dein inneres Kind in dir zu wecken. Lasst uns das Leben leben. Auf ins Glück!

FRÜHLING

Pass gut auf dich auf!

Der Frühling ist da!
Mach dich bereit für ein Abenteuer

Die Welt ist ein riesiger Spielplatz. Wiesen, Flüsse, Seen, Gebirge, Moorgebiete, Dünen und die Heidelandschaft machen unsere Natur so unvergleichbar schön und laden zum Verweilen ein. Manchmal möchten wir gleich für mehrere Nächte im Zelt bleiben. Seid euch bewusst, dass Abenteuertrips, vor allem alleine, nicht ganz ungefährlich sind. Daher solltet ihr daran denken, jemandem Bescheid zu sagen, wenn ihr einen Ausflug macht. Vergesst auch nicht, die nötigsten Basics wie ausreichend Wasser und Essen einzupacken.Und schon kann's losgehen.

Stürzen wir uns ins Abenteuer...

Gerad
die Raup
ihr Leben
Ende, be
zu fl

als
dachte,
sei zu
nn sie,
en.

Wenn du mal wieder denkst, du würdest etwas nicht bewältigen können, denk einfach an Hummeln.

Aus der Sicht der Aerodynamik können Hummeln nicht fliegen. Für ihre Körpergröße sind die Flügel zu klein.

Der Hummel ist es egal. Sie fliegt einfach...

BAUMHUMMEL

B. hypnorum

ACKERHUMMEL

B. pascuorum

WIESENHUMMEL

B. pratorum

STEINHUMMEL

B. lapidarius

DUNKLE ERDHUMMEL

B. terrestris

13

Ste

Ameisen.

würmer zu

Bring Spin

Garten. Öffn

eine Biene zu

kleine Seelen

Anrecht a

ha

über

eg Regen-

ins Gras.

raus in den

as Fenster, um

tten. Sie sind

ie auch das

Leben

n.

Let your
heart
be your
COMPASS

N
W   O
S

Packliste für Abenteurer

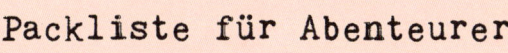

- Wasserflasche

- Land- / Wanderkarte

- Kompass

- belegte Brote

- Decke

- Glas mit Schraubverschluss zum
  Sammeln von schönen Dingen

- kleines Handtuch

- Naturführer zum Bestimmen von
  Pflanzen und Tierspuren

- ein Block und Stifte zum Zeichnen und
  Schreiben

- kleines Fernglas

- warmer Pullover

Das Leben ist schön

Road Trip Playlist

So let's go - Alan Doyle

Three little birds - Bob Marley

You and your heart - Jack Johnson

Summer paradise - Simple Plan

Banana pancakes - Jack Johnson

93 Million Miles - Jason Mraz

Photograph - Ed Sheeran

Dellé - Tic Toc feat Gentleman

I bet my life - Imagine Dragons

Dem gone - Gentleman

Raindrops keep fallin' on my head - B.J. Thomas

Years around the sun - Miles Away

Africa - Toto

Hot air balloon - Owl City

Dandy - Hepburn and the Hooligan

Foot of the Mountain - A-ha

Du l
& die
verä
sich

chelst
Welt
dert

UDDHA

M.v.G

Du bist eine Wildblume

Frauen sind wie Wildblumen.
Sie sind frei, wild, elegant,
ungezähmt und wunderschön!
Vergiss das niemals auf
deinem Weg!
Du bist einzigartig.

Federn sind
kleine Grüße
von oben

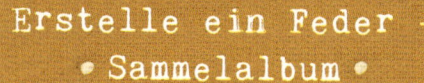

Erstelle ein Feder -
• Sammelalbum •

Zuerst vorweg: Viele Menschen fürchten
sich davor, Federn zu sammeln, da sie
denken, Federn würden schlimme Krankheiten
übertragen. Draußen zu spielen, sich
schmutzig zu machen und die Welt zu
entdecken - das alles härtet ab und stärkt
das Immunsystem.

Federn zu sammeln kann sehr spannend sein.
Man entdeckt wunderschöne Muster, lernt neue
Vogelarten kennen und geht wachsam durch die
Welt. Den kleinen Dingen Aufmerksamkeit zu
schenken, darauf kommt es an...

Um die Federn zu schützen, ist ein
Schraubverschlussglas super geeignet.

Klebe die schönsten gesammelten
Federn in ein Notizbuch und
versuche, sie den passenden Vögeln
zuzuordnen.

Schreibe den Fundort und das Datum dazu.

So erhälst du ein kleines Outdoor-Tagebuch
und lernst noch etwas dabei.

♥

Heute ist mein Lieblingstag

SOMMER

Hurra, der Sommer ist da!

Es ist soweit! Der heiße Sommer ist endlich da! Die Tage sind die längsten des Jahres. Wir sitzen die ganze Nacht mit Freunden am Lagerfeuer, grillen draußen, bekommen Reiselust, liegen faul in der heißen Sonne, springen in den kalten See, lieben es, den ganzen Tag draußen zu verbringen, sitzen bis spät in die Nacht in Decken gerollt draußen und gucken uns den klaren Sternenhimmel an.

Unsere Gedanken sind frei und wild. Wir haben unerklärliche Glücksgefühle im Bauch. Es kribbelt überall. Wir wollen reisen. Wir wollen Abenteuer erleben. Wir wollen das Leben in vollen Zügen genießen. Und das machen wir auch!

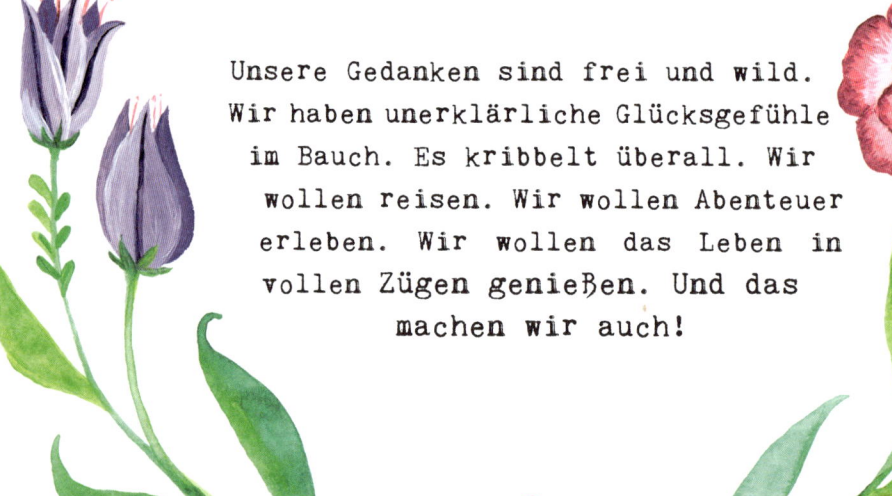

Gehe

durch

schwimm

lies ein L

Sonne

Bä

rfuß

Gras,

im See,

ch in der

letter auf

ne.

33

Sommer To Do - Liste

- nackt im See schwimmen

- in der Sonne malen

- mit Picknick im Rucksack nach einem schönen Platz im Grünen suchen

- frische Wäsche draußen aufhängen

- im Schatten unter einem Baum ein Buch lesen

- einen Blumenkranz für die Haare flechten

- Blumen pressen & mit den getrockneten Blumen eine Postkarte bekleben. Schick sie an gute Freunde.

- früh morgens mit nackten Füßen durchs taufrische Gras laufen

- nach Tierspuren suchen und sie bestimmen

- auf der Wiese liegen, die vorbeiziehenden Wolken beobachten und Wolkenbilder malen

SCHMETTERLINGE

Morphidae
-Morphoe

Satyridae
-Augenfalter

Papilionidae
-Payeni

Pieridae
-Zitronenfalter

Nymphalidae
- Hystaspes

Nymphalidae
-Titan

37

Fange schöne Momente ein

Du brauchst:

-ein leeres Marmeladenglas
-ein leeres Fläschchen (am besten mit
 Schraubverschluss, damit die Flasche
 nicht in der Tasche aufgehen kann)

Fülle dir Sand im Urlaub ab, versieh die
Flasche mit einem kleinen Schild (z.B.
Venice Beach) und stelle sie dir dort
hin, wo du dich immer daran erfreuen
kannst.

Sammele bei deinen Ausflügen oder bei
Spaziergängen schöne Dinge wie Eicheln,
schöne Steine, Federn, Moos usw. Verwahre
sie unterwegs in deinem Marmeladenglas. So
kannst du deine Schätze sicher nach Hause
transportieren. Mit den Naturmaterialien
kannst du basteln, dekorieren oder das
gefüllte Glas als Erinnerung aufstellen.

Helgoland
2012

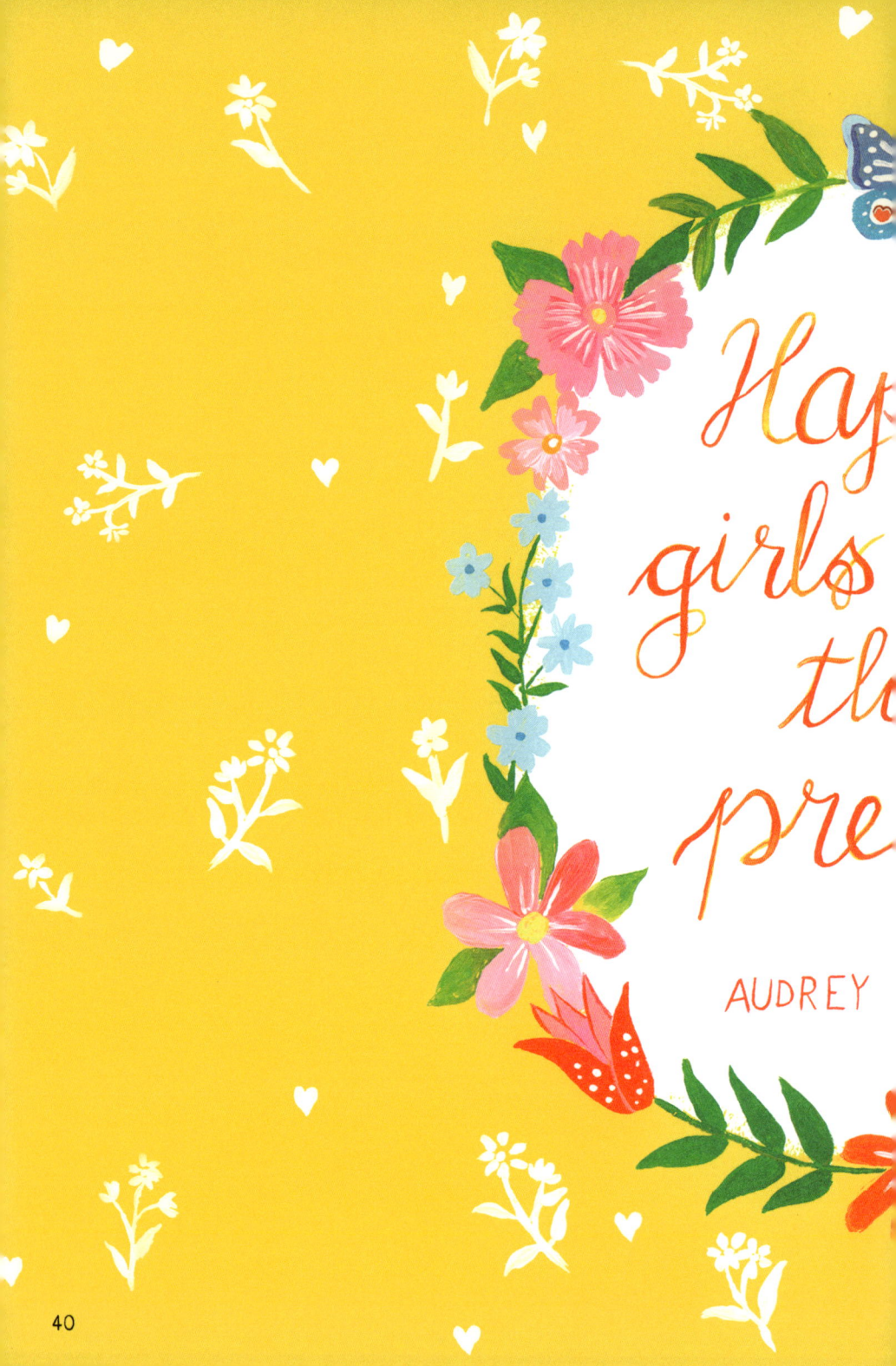

Hap
girls
th
pre

AUDREY

STAY

wild & free

AT HEART

Regentage

-im warmen Sommerregen tanzen
-ein gutes Buch lesen
-ins Bett kuscheln und dem Regen zuhören,
 der ans Fenster prasselt
-basteln und malen
-Briefe an Freunde schreiben
-schöne Bilder aus Zeitschriften herausschneiden
 & ein "Wunsch-Büchlein" erstellen
-eine Gesichtsmaske auflegen
-ein warmes Bad nehmen
-ein Fotoalbum erstellen
-eine Biografie über sich selber schreiben
-Tagebuch führen

Die Welt gehört dir ...

Not all of those who WANDER are lost

Camping Checkliste

- Zelt
- Isomatte
- Schlafsack
- ausreichend Wasser
- Laterne
- Taschenlampe
- Wechselkleidung
- Taschenmesser
- Papier & Stifte
- Land- oder Wanderkarte
- Kartenspiel
- Buch
- Naturführer über heimische Tiere und Pflanzen
- belegte Brote oder Grillgut
- gute Snacks wie Nüsse & Äpfel
- Badesachen
- Handtuch
- Campingkocher
- Kaffeepulver
- Feuerzeug
- Erste-Hilfe-Kasten

Die Welt ist voller Magie

49

Sunshine & Daydreams

Wunderschöne Plätze in Deutschland

-den Sommer am Bodensee genießen

-Wanderungen durchs Allgäu

-durch das lila Blumenmeer der
 Lüneburger Heide spazieren

-am Ostseestrand Muscheln sammeln

-mit einem Kutter über die Nordsee
 tuckern

-am Lieblingsstrand sitzen und
 den Wind durchs Haar wehen
 lassen

Reisen

Geld au

& trotz

zu

bedeutet

ugeben

m reicher

rden.

Empfehlenswerte Städtetrips

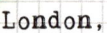

London,
um die unterschiedlichen Stadtteile zu entdecken.

Nürnberg,
um die tolle Altstadt zu entdecken (und den
Weihnachtsmarkt).

Hamburg,
während des Hafengeburtstags.

Ravensburg,
während "Ravensburg spielt" (ein Spielenachmittag,
an dem in der ganzen Stadt Tische & Bänke aufgebaut
sind) kann man sich Gesellschaftsspiele ausleihen &
sie auch mit Fremden spielen.

Berlin,
um dort durch die Secondhand-Shops zu streifen.

Wien,
um die wunderschöne Stadt zu entdecken.
Unbedingt zum Naschmarkt gehen!

Paris,
um in einem kleinen Café den Stadtplan zu
durchforsten und Pläne zu schmieden.

Bregenz,
um dort durch Casinos zu flanieren und um den
Pfänder zu besteigen. Von dort hat man eine
traumhafte Aussicht auf den Bodensee.

Hannover,
um in den schönen Parks zu picknicken.

Amsterdam
mit dem Boot erkunden, welches man sich ausleihen
kann. Und wie wäre es mit ein paar Nächten auf
einem Hausboot?

Timmendorf Strand,
um im Strandkorb zu liegen und Muscheln zu suchen.

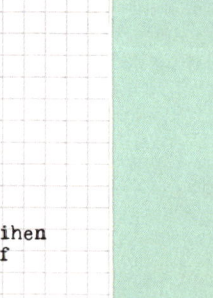

Reisen heißt leben

Tolle Reiseziele

 Kuba

- kubanische Zigarren paffen, einen Oldtimer ausleihen und durchs Land fahren, zur Straßenmusik tanzen

Rio

- auf den Berg Corcovado steigen, um die Christusstatue von Nahem zu sehen, nachts tanzen gehen, die Stadt erkunden, am Strand Volleyball spielen

England

- ein Auto mieten und durchs Land fahren, den Nachmittagstee standesgemäß in einem urigen Café zelebrieren, abends im Pub am Hafen bei Livemusik ein Bier genießen, die Küsten erobern

Malediven

- in einer Hängematte Cocktails schlürfen, im kristallblauen Meer baden, schnorcheln gehen, die Seele baumeln lassen

Island

- Road Trip in einem Jeep durch die vielschichtigen Landschaften, in Geysiren baden, auf Islandpferden reiten.

Das beste Getränk für heiße Tage

♡ kaltes Wasser

♡ ausgepresste Zitrusfrüchte
   (Zitronen, Orangen, Limetten)

♡ ein Strang Minze

Das Wunderbare daran:

Um sich wohl zu fühlen und den Körper mit ausreichend Wasser zu versorgen, sollte man etwa zwei Liter Wasser pro Tag trinken. Neue Zellen im Gehirn bilden sich, man fühlt sich wacher und frischer. Das Hautbild wird besser, kleine Fältchen werden ausgepolstert. Viel Wasser während eines Fluges zu trinken hilft sogar, den Jetlag gut wegzustecken. Und das Beste: kalt gepresste Zitrone ist nicht nur eine Vitamin C-Bombe. Das Getränk stärkt das Immunsystem, entgiftet und entsäuert und hilft sogar beim Abnehmen, da es die Verdauung ankurbelt. Also: Serviert das Getränk euren Gästen auf einer Sommerparty und genießt es im Schatten. Lasst es euch gut gehen.

Warme Sommernächte

- in der Hängematte liegen und die Sterne beobachten
- eine Nachtwanderung machen
- ein Picknick bei Vollmond machen
- an einem See zelten
- nachts im See schwimmen
- mit einem Schlafsack unter freiem Himmel auf einer Wiese oder einer Waldlichtung übernachten
- sich zu zweit in Decken einkuscheln, eine gute Flasche Wein öffnen und sich die ganze Nacht Geschichten erzählen
- auf die Lauer legen und Nachtfalter beobachten

Die ist mag Mom

Welt

voller

scher

ente

Auch in der Dunkelheit kann man zauberhafte
Dinge entdecken.

Es gibt alleine 3300 bekannte
Nachtfalter-Arten.

Um Nachtfalter zu beobachten, braucht man
folgendes:

-süßes Gemisch aus Fruchtmus und Bier,
welches man an Baumstämme schmiert.
Nachtfalter lieben nämlich faulende
Früchte.

-schwach leuchtende Taschenlampe

Nehmt euch eine Decke mit und macht es euch
gemütlich.Ihr braucht Geduld.

Die beste Zeit ist nachts.

Viel Glück!

Nachtfalter

Mond

phasen

Das Leben
ist wunderbar

Das Leben ist magisch. Nimm dir Zeit,
darüber nachzudenken, was dich glücklich
macht.

Kennst du die Natur um dich herum?
Hörst du die Vögel zwitschern? Hörst
du den Uhu im Baum? Sei achtsam.

Nimm dir Zeit für dich. Atme tief ein.
Spüre das Leben in dir. Spüre
die Abenteuerlust. Erwecke
das innere Kind in dir
wieder zum Leben.

Du kannst nachts nicht schlafen?
Sorge dich nicht. Zieh dich warm
an, mach einen Spaziergang. Ist
noch jemand wach? Entdeckst du einen
kleinen Igel bei der nächtlichen
Futtersuche?

Fühl dich wohl in deiner Haut. Du bist
stark, du bist schön. Spüre wieder deinen
gesamten Körper, indem du dich streckst
und reckst und das Gras unter
deinen Füßen spürst.

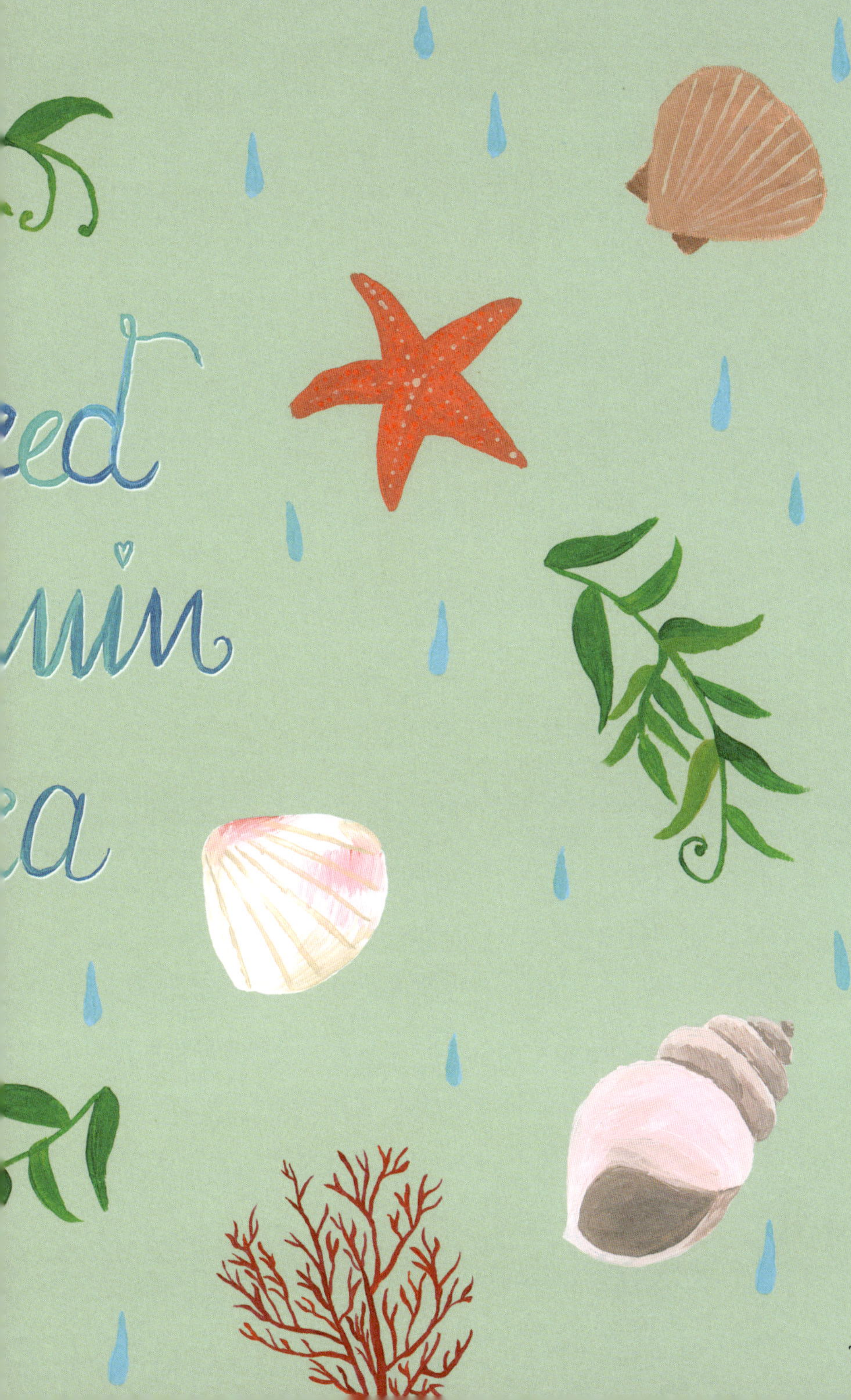

Ans Meer
oder an die
See fahren
bedeutet, das
Leben zu
genießen.

ENTDECKE DAS WATTENMEER

Mach eine geführte Wattwanderung.
Das Wattenmeer bietet Lebensraum für
zahlreiche Tiere. Eine Wattwanderung
ist sehr spannend und informativ.
Sammle Muscheln & schönes Strandgut.
Mach einen Strandspaziergang.
Schwimme im Meer. Lass dir den Wind
durchs offene Haar wehen. Bestimme
mit einem Naturführer-Buch die
Wattvögel, die du siehst. Versuche,
schöne Fotos zu machen - von einem
Sonnenaufgang, einer schönen Muschel,
von Wattwürmern. Erstelle ein
Fotoalbum als Erinnerung.

Das Wattenmeer

großer Brachvogel

Miesmuschel

gestreifte
Venusmuschel

gerade Messerscheide

dünne Plattmuschel

Sandklattmuschel

Taschenkrebs

Einen GARTEN zu bepflanzen heißt, an morgen zu glauben.

—AUDREY HEPBURN—

80

Blumensammelalbum / Herbarium

Du brauchst:

-Notizbuch
-Stift zum Beschriften
-Tesafilm oder Washi Tape
-schwere Bücher zum Pressen
-Blumenlexikon

Sammele draußen beim Spaziergang oder im Garten schöne Blüten. Lege sie schnell zwischen Buchseiten, da manche Blümchen empfindlich sind und gepflückt schnell welken. Achte darauf, dass die Blätter schön gerade liegen. Beschwere das Buch. Nun heißt es abwarten... Bis die Blumen durchgetrocknet sind, dauert es ein paar Wochen.

Nun kannst du sie in dein Herbarium (=Sammlung getrockneter Pflanzen) kleben. Versuche, den Namen und die für dich wichtigen Informationen (Vorkommen, Blütezeit...) zu recherchieren und notiere sie neben deinen getrockneten Blüten.

Viel Spaß beim Entdecken!

Press deine
Blumen hier

Wildblumen

Kamille

Himbeere

Weiß-Klee

Acker-Hornkraut

Schneeglöckchen

Weiße Taubnessel

Sumpf-Herzblatt

HERBST

Herbstliebe

Juhuuu, ist das wunderbar:

Der wunderschöne melancholische Herbst ist da!

Die Sonnenstrahlen glitzern durch die Äste.

Die Blätter verwandeln sich gelbgold und fallen
wie kleine Sternschnuppen von den Bäumen.

Beeren reifen im Wald heran und laden zu
ausgedehnten Waldspaziergängen ein.

Igel beginnen, sich ein Winterquartier in den
Laubhaufen zu suchen.

Die Stimmung im Wald, auf den Wiesen und in
unseren Herzen ist wunderbar.

Wir genießen die Stille, kommen nach den
Sommermonaten zur Ruhe, trinken Tee und genießen
die kühlen verregneten Tage mit einem Buch und
Wollsocken am Kamin oder an der Heizung.

Das Leben ist schön.

HERBST

Favoriten

Apfelmuffins

Apfel-Zimt-Tee

gefallene
Eicheln sammeln

warme
Wollsocken

verwelkte
Blätter

geschnitzte
Kürbisse

romatischer
Kerzenschein

Tagträumen
& Lächeln

Schöne Ideen gegen Langeweile

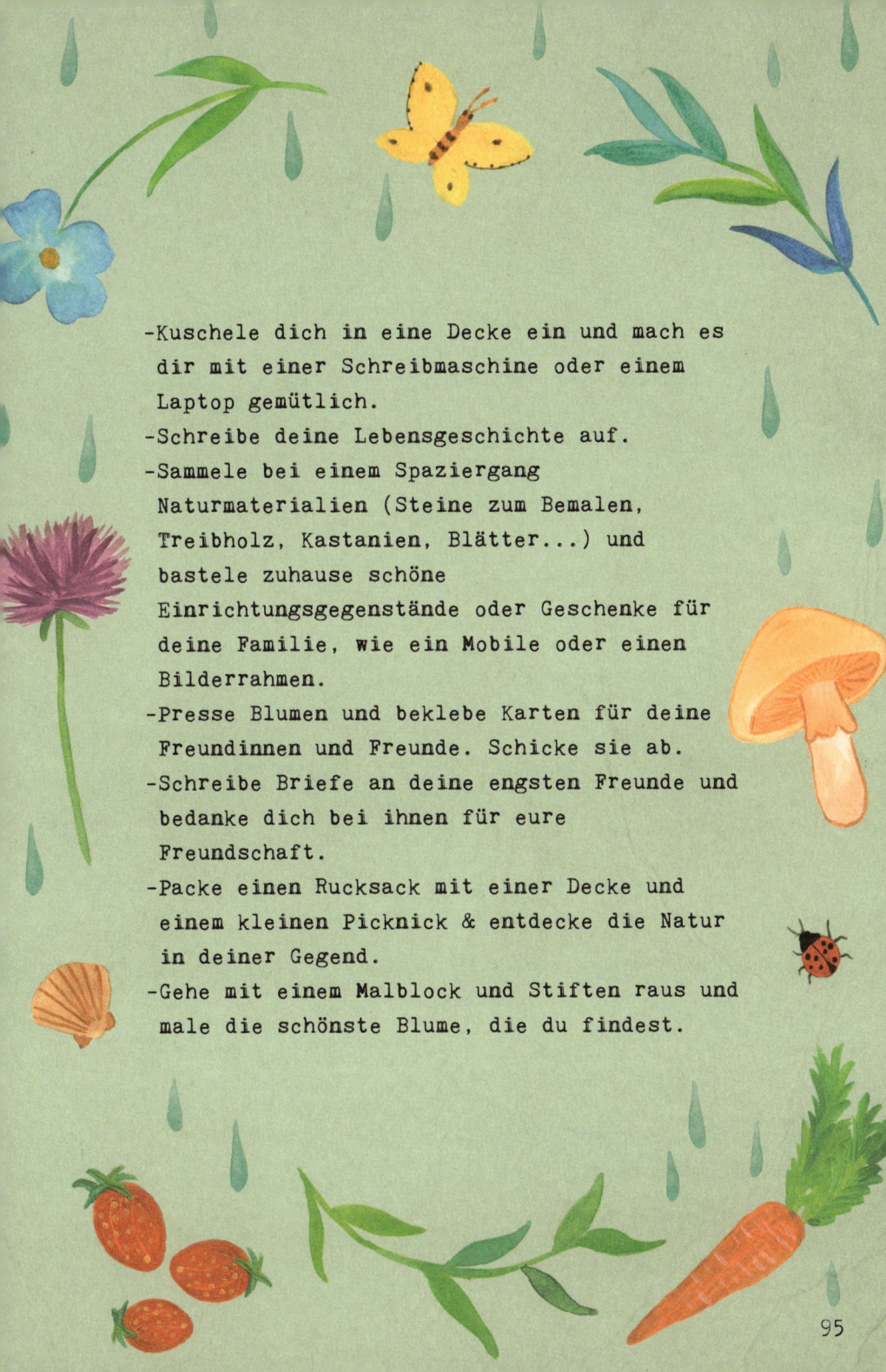

-Kuschele dich in eine Decke ein und mach es
 dir mit einer Schreibmaschine oder einem
 Laptop gemütlich.
-Schreibe deine Lebensgeschichte auf.
-Sammele bei einem Spaziergang
 Naturmaterialien (Steine zum Bemalen,
 Treibholz, Kastanien, Blätter...) und
 bastele zuhause schöne
 Einrichtungsgegenstände oder Geschenke für
 deine Familie, wie ein Mobile oder einen
 Bilderrahmen.
-Presse Blumen und beklebe Karten für deine
 Freundinnen und Freunde. Schicke sie ab.
-Schreibe Briefe an deine engsten Freunde und
 bedanke dich bei ihnen für eure
 Freundschaft.
-Packe einen Rucksack mit einer Decke und
 einem kleinen Picknick & entdecke die Natur
 in deiner Gegend.
-Gehe mit einem Malblock und Stiften raus und
 male die schönste Blume, die du findest.

Die Sprache der Wolken

Zirrokumuli

Schleierwolke

Altokumuli

Stratuswolken

Federwolke

Kumulonimben

Federwolken
kündigen eine Warmfront oder Regen an.

Zirrokumuli
sind dünne weiße Kristallwolken und weisen auf
ein starkes Gewitter hin.

Schleierwolken
bedecken den gesamten Himmel und bringen
innerhalb der nächsten 36 Stunden Regen.

Altokumuli
sind mittelhohe Wolken, die meist beständiges
Wetter versprechen.

Kumulonimben
sind große quellende Wolkentürme, die
klassische Gewitterwolken sind.

Stratuswolken
sind eine graue Wolkenschicht und kündigen
schlechtes Wetter an.

Blätter von einheimischer Bäumen

Apfelbaum

Eiche

Kastanie

Fichte

Birnbaum

Ahorn

Eberesche

Birke

Buche

ADVE

IS OUT

Heimische Vögel

Specht

Rotkehlchen

Kuckuck

Stieglitz

Blaumeise

Nachtigall

Zaunkönig

Dompfaff

Nicht alle Pilze sind essbar!
Im September und Oktober ist die
Hauptsaison für Pilzsammler. In jeder
Region werden Pilztouren angeboten.
Dort erklärt man genau, worauf man
achten muss und welche Pilze essbar
sind.

WINTER

Winter wonderland

Der eingeschneite Wald ist im Winter wunderschön. Zugefrorene Seen, vereiste Äste, eine weiße Schneeschicht, die die Bäume bedeckt und Tierspuren, die versuchen, sich im Schnee zu verewigen. Doch man muss vorsichtig sein. Im Winter herrscht bei den Waldbewohnern Futterknappheit. Die Tiere bewegen sich nur, wenn es unbedingt nötig ist, um Energie zu sparen. Wenn die Waldbewohner durch uns aufgescheucht werden, verlieren sie die nötige Energie, die sie zum Überleben im Winter brauchen. Darum gilt es, den Waldspaziergang leise zu genießen & auf den Wegen zu bleiben. Folge den Tierspuren nicht in den Wald hinein. Inspiziere lieber die Spuren, die deinen Weg kreuzen. Atme tief ein. Lass den Alltagsstress hinter dir. Spüre den kalten Wind auf deiner Haut. Genieße den Moment.

My winter favourites

Lichterglanz

Lebkuchenmännchen

Schlitten fahren

Kekse backen

Zuckerstangen

heißer Punsch
zum Aufwärmen

kuschelig
warme
Wollsachen

duftende
Mandarinen

Winter To-Do

Schlitten fahren

einen Weihnachtsbaum schmücken

eine heiße Schokolade trinken

Kekse backen

einen Schneemann bauen

Schlittschuhlaufen

Zeit mit der Familie verbringen

einen Weihnachtsfilm anschauen

Frank Sinatra - Weihnachtsmusik
hören

der dunklen Jahreszeit mit
Kerzenschein und Lichterketten
trotzen

in Decken gekuschelt ein gutes Buch
lesen

auf Weihnachtsmärkte gehen

Glühwein / Punsch schlürfen

Adventskalender verschenken

Tolles Keksrezept

Ausstechkeks - Gelingrezept

Du brauchst:

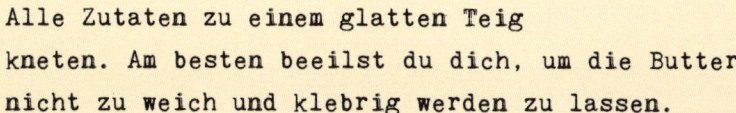

- 1 Ei
- 250 g Mehl
- 125 g Butter
- 125 g Zucker
- 1 gestrichener Esslöffel Backpulver
- bunte Streusel oder Nusssplitter zum Verzieren

Alle Zutaten zu einem glatten Teig
kneten. Am besten beeilst du dich, um die Butter
nicht zu weich und klebrig werden zu lassen.

Den Teig für eine Stunde in den Kühlschrank
stellen & auf mehlbestäubter Fläche
ausrollen. Nun nach Herzenslust ausstechen
und mit Streuseln garnieren.

Anschließend Kekse bei 175 °C für 10 - 15 Minuten
backen.

I LOVE THE Woods

Wanderlu

Mache lange Winterspaziergänge. Die kalte, frische Luft ist besonders vitalisierend und gesund. Genieße den Moment. Atme tief ein. Entspanne. Lass los. Fühl dich frei. Anschließend schmeckt ein frisch aufgebrühter Tee wunderbar.

Heißer Punsch

- 1/4 Liter naturtrüber Apfelsaft
- 1/4 Liter Orangensaft
- 3 Nelken

- 1 Teelöffel Zimt
- 5 Gewürznelken
- 2 Zimtstangen
- Orangenscheiben einer Bioorange
- Honig oder Ahornsirup zum Süßen
- bei Bedarf Rotwein, Rum oder Amaretto hinzufügen
- wenn es alkoholfrei sein soll, mit Wasser verdünnen

Mitten im tiefsten
Winter wurde mir bewusst,
dass in mir ein unbesiegbarer
Sommer wohnt.

>>>> - Albert Camus - <<<<

Badezusatz

Erkältungs-& Aufwärmbad

♡

1 Liter Milch
5 Tropfen Fichtenöl
5 Tropfen Eukalyptusöl
getrocknete Kamillenblüten

bei trockener Haut

♡

1 Liter Milch oder
Buttermilch
3 EL Honig
ein paar Tropfen Orangenöl

Zauberhafte Weihnachtsmusik

☆ **Santa Baby** - Eartha Kitt

☆ **Winter Wonderland** - Louis Armstrong

☆ **I'll be home for christmas** - Bing Crosby

☆ **Have yourself a merry little christmas** - Frank Sinatra

☆ **Silver Bells** - Dean Martin

☆ **Driving home for christmas** - Chris Rea

☆ **Let it snow** - Dean Martin

☆ **Santa Clause is coming to town** - J. F. Coots

☆ **White Christmas** - Frank Sinatra

☆ **Sleigh Ride** - The Boston Pops Orchestra

☆ **The Christmas Song** - Nat King Cole

☆ **Please come home for christmas** - Charles Brown

☆ **It's the most wonderful time of the year** - Andy Williams

☆ **Weihnachtsbäckerei** - Rolf Zukowski

überwinternde heimische Vögel

Rotkehlchen

Rotkehlchen sind Frühaufsteher. Sie zwitschern ab dem frühen Morgen bis spät in die Nacht. Sie lieben eigentlich Insekten und Würmer. Da diese im Winter aber schwer zu beschaffen sind, nehmen sie auch mit Samen und Körnern vorlieb. Ihr Winterquartier suchen sie sich gerne in Hecken & Sträuchern und bevorzugen ein Zuhause nahe dem Wasser. Im Winter kann man sie gut an Futterhäusern und Meisenknödeln beobachten.

Stockente

Stockenten ziehen über Winter nicht in den Süden, sondern bleiben an dem Teich, an dem sie geboren wurden. Sie können zwar fliegen, der Flug in den Süden ist ihnen aber zu anstrengend. Ihre Leibspeise sind Pflanzen, Samen, Körner, Würmer, Schnecken und Frösche. Im Winter trifft man sie ab und an in Gärten an, da sie auf Futtersuche sind.

Singdrossel

Die Singdrossel gehört zu den sogenannten Teilziehern, also den Vögeln, die nur einen Teil des Winters in wärmeren Regionen verbringen. Viele Singdrosseln bleiben jedoch den ganzen Winter über in Deutschland. Die Singdrossel liebt Schnecken mit Haus. Um das Häuschen zu knacken, fliegt sie mit ihm zu einem bestimmten Stein, den sie sich ausgesucht hat. Dort klopft sie das Schneckenhaus so lange darauf, bis es zerbricht. Diesen Stein nennt man "Singdrosselschmiede". Hier findet man lauter zerbrochene Schneckenhäuschen. Im Winter stellt sie dann ihre Ernährung auf Beeren jeglicher Art um. Natürlich ist sie auch Käfern und Insekten nicht abgeneigt.

Buntspecht

Dem Buntspecht macht der Winter nichts aus. Er stellt seinen Speiseplan etwas um. Saftige Würmer, Maden und Käfer, die er sehr bevorzugt, tauscht er im tiefen Winter gegen Nüsse und Samen am Vogelfutterhäuschen aus.

Der Abwasch kann warten. Das Leben nicht!

Anleitung zum Glücklichsein

♡ Nur du alleine bist für dein Glück verantwortlich.

♡ Lerne, dich so zu akzeptieren, wie du bist.

♡ Schreibe auf, was dich glücklich macht.

♡ Gehe regelmäßig deinen Interessen nach.

♡ Trenne dich von Menschen, die dich runterziehen und die nicht an dich glauben.

♡ Sammele in einer "Erinnerungskiste" Dinge, die dich an schöne Momente erinnern (z.B. Kinokarten, einen schönen Stein vom letzten Spaziergang oder Urlaubspostkarten von Freunden)

♡ Gönne anderen Menschen Erfolge von ganzem Herzen. Neid kann viel zerstören.

♡ Hilf anderen mit einer kleinen Spende, deiner Zeit oder deiner Hilfe.

♡ Mache dir beim Aufwachen bewusst, wie dein Leben verlaufen soll.

♡ Vergiss nie, dass schlechte Tage einfach dazu gehören.

♡ Plane Kurzurlaube und Wochenendtrips. Entdecke neue Städte.

♡ Finde zurück zur Natur.

♡ Miste deine Sachen aus und konzentriere dich auf das Wesentliche.

♡ Mache alles, was du tust, so gut du kannst.

Nora von Gadenstedt wurde 1988 in Hannover geboren. Ihre Kindheit verbrachte sie in einem kleinen Schloss im Schwarzwald. Schon in jungen Jahren faszinierten sie die Wildtiere im anliegenden Park. Am Bodensee lernte sie, die Natur und die Jahreszeiten bewusst zu erleben und zu genießen. Mit 25 Jahren zog sie schließlich der Liebe wegen zurück in ihre Geburtsstadt Hannover. Zusammen mit ihrem Partner Tobias Pirk betreibt sie seit 2014 die Manufaktur "Mr. & Mrs. Panda". Aus dem Herzen Hannovers verschickt das Paar Produkte mit handgezeichneten Motiven in die ganze Welt. Ihre Inspirationen schöpft Nora vor allem aus der Natur. Als überzeugte Vegetarierin liebt sie Tiere und deren natürlichen Lebensraum. Diese liebevolle Verbindung zu ihrer Umwelt zeigt sich in jedem noch so kleinen Motiv der Künstlerin.

Danksagung

Wow, ich kann es noch gar nicht richtig glauben. Das Buch ist genauso geworden, wie ich es mir gewünscht habe. Ohne Hilfe wäre das Buch aber nie fertig geworden. Deshalb möchte ich die letzte Seite nutzen, um mich nochmal von Herzen zu bedanken.

Danke an dich. Ja, an dich. Du hälst das Buch in deinen Händen, hast dir die Seiten angesehen, hast vor dich hingeträumt und kannst dich daran erfreuen. Für dich habe ich dieses Buch geschrieben und gezeichnet. Danke dafür, dass du es genauso sehr liebst wie ich. Ich hoffe, du lässt dich inspirieren und erlebst wundervolle Abenteuer. Das Leben ist schön!

Danke Tobi, dass du immer an mich geglaubt und mich motiviert hast. Danke, dass du mich mit Zeichenstiften und Farbe ausgestattet hast. Danke, dass du mir immer und immer wieder gesagt hast, wie schön du meine Zeichnungen und meine Ideen findest. Du bist wunderbar und bereicherst mein Leben Tag für Tag.

Danke Mama, dass du immer hinter mir stehst und von der ersten Minute an mich geglaubt hast, als wir unser Unternehmen "Mr. & Mrs. Panda" gegründet haben.

Danke für deine motivierenden Worte, deine Unterstützung und deinen festen Glauben an mich und meine Arbeit.

Danke Wladimir, dass du meine Zeichnungen mit viel Liebe und Geschick zu Buchseiten gestaltet hast. Dank dir ist jede Seite genauso geworden, wie ich es mir gewünscht habe. Du bist unglaublich talentiert. Es war mir eine Ehre, mit dir zusammenzuarbeiten.

Ein spezielles Dankeschön an meine Freunde, die sich immer wieder nach dem Buch erkundigt haben, mich inspiriert haben und mir immer wieder gesagt haben, wie stolz sie auf mich sind. Eure Worte waren so wichtig für mich!

Danke an alle unsere lieben Mitarbeiterinnen. Ihr seid ein wichtiger Teil unserer Panda-Familie! Ohne euch wäre vieles nicht möglich. Ihr seid wunderbar!

Und zu guter Letzt: Danke, liebes Leben, dass du so wunderbar zu mir bist! Du schenkst uns eine wunderschöne Natur und sorgst dafür, dass wir alles haben, was wir zum Glücklichsein brauchen. Liebes Leben, ich werde so oft von dir umarmt, dass es mir fast wie ein Traum vorkommt. Ich freue mich auf weitere wunderbare Jahre voller Abenteuer, Kreativität, Lachen und Sonnenschein.

Das Leben ist ein Abenteuer!
Eure Nora

Über Mr.& Mrs. Panda

"Mr. & Mrs. Panda" ist ein Handmade-Unternehmen, das 2014 von Nora von Gadenstedt und ihrem Lebenspartner Tobias Pirk gegründet wurde.
Die Idee dahinter: Den Menschen ein Lächeln ins Gesicht zaubern. Sie möchten der Welt zeigen: Das Leben ist schön!

Also fing Nora an, zu zeichnen. Sie zeichnet kleine Tiere, die Abenteuer erleben. Sie zeichnet Blumenwiesen, Berge und Glühwürmchen - eben das, was sie gerade fröhlich macht.
So entstanden auch die ersten Motive für dieses Buch.

Tobi kümmert sich derweil darum, dass Noras Motive auf die verschiedensten Alltagsgegenstände kommen und in ihrem Onlineshop (www.pandaliebe.de) zu finden sind.

So erobern Tassen, Fußmatten, Postkarten, Poster, Mauspads, Stiftemappen, Handtücher und Kissen die Räume ihrer Manufaktur in Hannover.
Dass alle Produkte in der "Panda-Schmiede" von ihnen und ihren Panda-Helfern selbst hergestellt werden, ist für die beiden Ehrensache.

Dieses Buch ist Noras Herzstück. Alle Zeichnungen sind von ihr mit viel Liebe entworfen und handgezeichnet.

© 2017 Mr. & Mrs. Panda
librics GmbH & Co. KG
Göttinger Chaussee 115
30459 Hannover
Deutschland

www.pandaliebe.de
post@pandaliebe.de

Illustration & Text: Nora von Gadenstedt
weitere Mitwirkende: Tobias Pirk &
Wladimir Janowitsch

ISBN 978-3-947391-01-1